Couvertures supérieure et inférieure
manquantes

HISTOIRE DE BRETAGNE

HISTOIRE DE BRETAGNE

I⁽ʳ⁾. Conan Mériadec, après le retour des Bretons de l'Angleterre, avec le tyran Maxime, 387-393, roi.

II⁽ᵉ⁾. Grallon, de l'an 393-405, selon Sigebert.

III⁽ᵉ⁾. Salomon I succède à Grallon, son père, de 405-412. Il eut deux fils : Audran, qui lui succéda et Constantin, qui fut roi d'Angleterre.

IV⁽ᵉ⁾. Audran, 412-438. Au dire de Sigebert et d'autres auteurs, ce roi perdit une bataille contre Litorius Celsus, lieutenant de l'empereur Valentinien. La Bretagne ne fut pas toutefois reconquise au joug des Romains, car, comme Celsus poursuivait sa victoire, Théodoric, roi des Goths, qui se trouvait à Narbonne, rompit la paix avec les Romains, de sorte que Celsus fut à la fin obligé de s'enfuir et de laisser la victoire à Théodoric.

V⁽ᵉ⁾. Budic, de 438-448.

VI⁽ᵉ⁾. Hoël-le-Grand succéda à Budic, de 448-484. Il eut à soutenir deux guerres contre les Romains. D'abord, en 448, Aétius, général romain, ayant fort affaire ailleurs, charge Tockaric, roi des Allemands et confédéré de l'empereur, de soumettre à l'empire les Bretons, lesquels voyant venir contre eux des forces imposantes prièrent saint Germain, évêque d'Auxerre, d'aller proposer à Tockaric quelques arrangements. Le roi allemand, touché de l'autorité de cet homme, laissa là son entreprise, remettant l'affaire à Aétius qui, à son tour, renvoya l'évêque à l'empereur Valentinien III qui se trouvait alors à Ravenne. La paix fut accordée aux Bretons, toutefois, tant qu'ils ne firent plus de nouvelles guerres et tant que saint Germain vécut. Le roi Hoël-le-Grand vécut depuis en paix et, en l'an 470, les Bretons contractèrent une alliance avec les Romains car, d'après le témoignage de Sidonius Appolinaris et de Gornandes, lorsque Turic, roi des Goths, qui se tenait à Narbonne, fit la guerre contre le comte Tedice, chef des Romains des Gaules, l'empereur Anthémius fit venir à son secours Riothins, roi des Bretons, sur Loyre, lequel Riothins, arrivé à Bourges avec une armée de douze mille hommes, fut défait par le roi goth Turic, près de Deols en Berry et s'enfuit en Bourgogne. Grégoire de Tours le témoigne avec les susdits auteurs, dont l'un vivait en même temps. Ils ajoutent aussi, avec Otho Frinsingen, que les Bretons, comme confédérés des Romains, combattirent pour leur parti à la bataille de Châlons, où fut défait Attila.

Race concurrente.

VII°. Hoël II, rentra au royaume l'an 484, mourut l'an 560.
VIII°. Alain Ier, dit le Fainéant, 560-594.
IX°. Hoël III, 594-640.
X°. Salomon II, 640-660. Salomon II eut la guerre avec Dagobert, roi de France, en l'an 643. N'ayant aucun successeur, son royaume tomba en héritage à la race de Conan.
XI°. Alain-le-Long II, 660-690.

De suite, après ces onze rois, suivirent des troubles durant lesquels on compte Daniel Dremruz et autres rois, en feuilletant les guerres de Charlemagne qui commença à régner en l'an 769 jusqu'en 814 :

Rivallon Murmoegon.
De-Roch.
Riathan.
Iona.
Judual.
Juhael.
Judicael.

Reginon, auteur allemand qui vivait en 888, témoigne que Charlemagne conquit par les armes et subjugua toute la Bretagne, y ayant envoyé le comte de Vuidon, conquête impossible jusque-là.

Succéda ensuite Louis-le-Débonnaire, empereur et roi de France ; pendant ce temps, ces princes bretons furent inconnus et de nul nom. Ils régnèrent peu de temps, jusqu'en 841, époque de la mort de Louis le Débonnaire.

XIIe. Néomène, appelé par quelques-uns Nomensius, issu du sang des princes du pays, fut au commencement, par l'empereur et roi de France Louis-le-Débonnaire, étant lors à Ingelheym, établi lieutenant et gouverneur du pays de Bretagne, mais, s'étant révolté, il fut élu roi par le peuple en cette année 841 et il mourut en 862. Il fut grand guerrier, fit de grands ravages et courses au pays de Touraine et Poitou, rompit et mit en déroute par trois diverses batailles l'empereur et roi Charles-le-Chauve, ce qui est témoigné par Sigebert, Palmier, Aventin, Regino, Nauclerc et autres.

XIIIe. Heruspee, fils de Néomène, devint roi en 862 et fut tué dans l'église, l'an 866, par son cousin Salomon.

XIVe. Salomon IV, 866, a le même sort. Il est assassiné dans l'église par ses sujets, en 874, comme l'atteste Rhégino.

Après sa mort survinrent des troubles et guerres civiles entre les comtes du pays, depuis 866 jusqu'en 894, où le titre de Royaume se changea en celui de Duché. Thomas Fayel dit : « *Troubles et guerres civiles arrivés entre les comtes du pays, l'an 874 jusque en l'an 894, que le titre de royaume changea en duché.* »

DUCS

I. Alain Rebré, dit le Grand, s'intitulant roy et duc des Bretons ainsi que cela se voit aux chartes de la fondation de l'abbaye de Saint-Serge-d'Augiers, commença à régner l'an 894, mourut l'an 907. Depuis, le nom de ducs disparut et il y eut des comtes de Rennes et de Dol seulement du temps de Rollo, normand, chef des Danois.

II. Alain II, dit Barbe-torte, duc, commença à régner l'an 931 et mourut en 959.

III. Conan de Rennes, premier du nom, commença son règne l'an 982 ; ayant défait son ennemi Guérech, il mourut en 992.

IV. Geoffroy Ier, de 992-1008.

V. Alain III, duc, de 1008 à 1039 ; meurt empoisonné par le duc Guillaume de Normandie.

VI. Conan II, de 1039-1066.

VII. Hoël II, de 1066-1084.

VIII. Alain Fergend, 1084, meurt à Redon en 1119.

IX. Conan-le Gros III, 1119-1148.

X. Terdon, 1148, est chassé par son fils en 1155.

XI. Conan-le-Petit IV, ayant chassé son fils, se fit duc, de 1155-1171.

XII. Constance, fille de Conan-le-Petit IV, mariée à Geoffroy, fils du roi d'Angleterre, en 1165, entra au duché en 1171 et mourut en 1201

XIII. Arthur, fils de Constance, premier du nom, fut massacré par le roi d'Angleterre en 1202.

XIV. Alix sa sœur, fut duchesse et se maria avec Pierre de Dreux, issu de la maison royale de France, en 1212.

Pierre de Dreux, premier du nom, dit Mauclerc, fut duc à cause de sa femme. Il entra au duché en 1212, se démit de cette administration en 1237 et mourut en revenant de Terre-Sainte, en 1250.

XVI. Jean son fils, premier du nom, dit le Roux, fut duc cette même année 1237 et mourut en octobre 1286.

XVII. Jean II. de 1286 à 1305, mourut à Lyon au couronnement du pape.

XVIII. Arthur son fils, second du nom, régna de 1305 à 1312, époque de sa mort.

XIX. Jean II lui succéda en 1312 et mourut en avril 1341, à Caen, revenant de Flandre. Jean de Montfort lui succéda. On ne le compte pas comme duc, non plus que Charles de Blois, son adversaire, parce qu'ils ne se virent jamais seigneurs pacifiques de tout le pays, à cause des guerres. Jean de Montfort mourut à Hennebond, au mois de septembre 1345.

XX. Jean IV, dit le Vaillant, conquérant ou triomphant, défit et mit en déroute Charles de Blois, qui resta parmi les morts à la bataille d'Auray. Il entra au duché en cette année 1345 et mourut au château de Nantes en 1399.

XXI. Jean V son fils, dit le Sage et le Bon, duc en 1399, lui succéda. Il mourut le 24 août 1442.

XXII. François Iᵉʳ dit le Bien-Aimé, fils du précédent, régna de 1442 à 1450.

XXIII. Pierre II, frère du précédent, dit le Simple, de 1450 à 1457.

XXIV. Arthur III dit le Justicier, auparavant comte de Richemont et connétable de France, oncle des deux précédents ducs, fut duc lui-même en 1457 et mourut le lendemain de la fête de St-Étienne en 1458.

XXV. François II fut couronné duc à Rennes en 1458 et mourut en septembre 1488.

XXVI. Anne succéda au duché en cette année 1488 et, quelques années après, épousa Charles VIII et depuis Louis XII, roi de France et mourut le 9 janvier 1513.

XXVII. Claude, fille aînée du roi Louis XII et d'Anne, duchesse de Bretagne, femme du roi François Iᵉʳ, lequel, en l'an 1532 le 4 août, du consentement des États de Bretagne, unit inséparablement le duché au domaine de la couronne de France.

XXVIII. François, Dauphin de France, fils aîné du roi François Iᵉʳ et de ladite Claude, fut couronné duc et reçu en la ville de Rennes, capitale du Pays de Bretagne, en 1532. Il mourut au grand regret d'un chacun, ayant été empoisonné en 1539 à Tournon, par l'Italien Sébastien de Montecuculo.

.˙.

Maxime Clémens fut élu par le peuple que les Romains avaient laissé dans l'île.

Il fit une descente, ayant à son service en qualité de capitaine le jeune Mériadec, du sang des rois d'Albion, en Armorique, au pays de Léon, qu'on appelait alors Légion, puis Létanie et enfin Léon (Ocisimor). Après avoir séjourné quelque temps sur les bords de la mer, pour voir quelle attitude prendrait l'ennemi, ils se dirigèrent sur Rennes, la plus forte ville du pays. A cette époque, l'Armorique, au dire de Sozime, se gouvernait par villes et par communautés, et, comme dans une grande partie des Gaules, il n'y avait pas de roi. Depuis la conquête des Gaules, l'Armorique était gouvernée par les lieutenants des empereurs. Jules César avait réduit le pays en formes de provinces. Gatien régnait alors en Occident. Cet empereur avait en son partage les Gaules gouvernées par deux lieutenants Merobandes et Balio. L'auteur qui a écrit *Notitiam imperii Romani*, soit Sextus Ruffus, soit un autre, compte dans leur État douze chefs ayant le titre de ducs, et il en place un *In tractu Armoricano* sous ces mots : ***Sub dispositione illustris ducis tractus armoricani.***

.·.

A la nouvelle de l'entrée de Maxime au pays des Gaules, en Armorique, une armée sous les ordres de Jubalte s'avance pour refouler l'envahisseur. L'armée de Jubalte comptait environ 20.000 combattants. De son côté, Gatien qui se trouvait alors à Lyon, organisait également une armée pour aller combattre celle qui envahissait son territoire. Les deux armées se rencontrèrent entre Rennes et la ville d'Alettre (alors appelée Guidolet) qui était une petite île près la ville de Saint-Malo. « Le combat fut aspre et dura longtemps dit B. d'Argentré et y mourut des plus vaillants hommes et entre iceux ledit Jubalte, chef des Gaulois : finalement les gens de cheval de Maxime entrèrent dedans les bataillons des gens de pied Gaulois, la pointe desquels ils rompirent, de sorte que Conan Mériadec eut le moyen d'avancer ses troupes de pied et enfonçant ce qu'il trouva au-devant de lui, mit leur avant-garde en déroute, laquelle ayant pris la peur ébranla le demeurant, tellement que Maxime chargea de son côté à point, les Gaulois furent défaits et peu s'en sauva qu'ils ne fussent taillés en pièces. Le mesme jour Maxime fait approcher son armée et vient assiéger Rennes en laquelle commandait un capitaine nommé Sulpice, de la part de Gratian, lequel sommé de rendre la ville, estonné de la perte fresche de l'armée Gauloise, se voyant faible et loin de secours et son ennemi fort, se rendit. Maxime et Conan entrèrent dedans, et ayant fait quelque séjour en icelle, envoyèrent faire quelques courses en Poitou par le pas de Nantes, et fourragèrent sur les Visigoths qui commençaient à courir ce païs. »

Le profit de cette première conquête fut la part de Conan qui s'établit en Armorique en reconnaissant hommage de sa souveraineté à Maxime, empereur, qui lui donna comme l'attestent Gildas, Henry, archidiacre anglais, et Geoffroi Artur, cette conquête fort libéralement, et tout le pays confrontant de deux costez à la mer Gauloise et Britannique, ores dite Anglaise jusques aux rivières de Couesnon et de Loyre et du costé d'Anjou jusques à la rivière de Mayenne et ce que davantage il pourrait conquérir par les armes sous son empire et sépara tout le terroir surplus des Gaules. Ledit archidiacre en parle en ces termes : *Juventus quæ cum ipso sustinuit bellicos sudores ultimis his Galliæ finibus imperiali munificientiæ est remunerata.* Et Gildas parle ainsi : « *Dedit illis multas regiones et a stagno quod est super verticem montis Jovis usque ad civitatem quæ vocatur Cantique et usque ad tumulum occidentalem qui est circà Covéradient.* » Il est facile de reconnaître par là que les desseins de Maxime s'étendaient plus au loin, Conan ayant donc pris pied en ce pays se fit appeler roi. C'est ainsi que commença la famille royale de Bretagne. Cela se passait vers l'an 387. C'est le témoignage de tous les chroniqueurs et particulièrement du Breton-Anglais Beda, natif de l'Ile.

Guillelmus Melmesboriensis, seul Anglais, à ce que je crois, qui vivait passé cinq ou six cents ans, escrit que dès le temps de Constantin, l'empereur, après avoir vaincu ses ennemis, il peupla le pays de notre Bretagne de vieux soldats congédiés après les travaux de la guerre. « *Quadam Galliæ parte, (inquit) consedere ad Occidentem super littores Oceani ubi coluere moribus linguáque nonnihil a nostris Britonibus degeneres* ».

L'établissement des rois et du royaume de Bretagne ont donc lieu du temps de l'Empire de Gratien et de Valentinien en Occident, et de Théodore-le-Grand, en Orient. On peut juger la valeur des Bretons et même leur supériorité sur les Francs, en considérant que plus de soixante ans avant ceux-ci, ils avaient envahi les Gaules, ce que les Francs ne purent faire que sous Valentinien III, au moment où l'Empire était affaibli de toutes parts, par les nations septentrionales.

Jusqu'à cette époque, ils restèrent confinés au-delà du Rhin. Naguère Gratien, empereur, en avait défait trente mille qui avaient tenté de passer près de Strasbourg. Ils n'eurent leur puissance assurée que sous Childéric. Ils ne poussèrent pas leurs conquêtes au-delà d'Orléans.

∴

Au moment de la descente de Conan et de Maxime en Gaule, Gratien se trouvait à Trèves, pour barrer le chemin aux Allemands et aux Francs. En apprenant ce qui se passait en Armorique, l'établissement de Conan Mériadec, la marche victorieuse de Maxime, il se hâta d'envoyer une armée sur Paris pour couper le chemin au vainqueur. Maxime l'apprit et se mit en garde. Il leva le plus de troupes qu'il put, en forma une armée de 35 à 40.000 hommes et s'avança au-devant de Gratien. Conan, de son côté, laissa environ 10.000 hommes dans les villes de son territoire, pour garder sa conquête et, en toute hâte, marcha droit sur Paris, avec le reste de ses troupes.

Gratien, de son côté, à l'approche de son ennemi, envoya des détachements de son armée pour essayer les forces qu'il avait en face de lui, par de nombreuses escarmouches. Pendant deux jours il y eut des échauffourées si ardentes que parfois la moitié des troupes de Gratien y était engagée.

Le quatrième jour, toutes les troupes entrèrent en action et le combat fut si acharné qu'après la bataille, la terre était jonchée de morts. En aucun lieu du monde on ne trouvait de soldats égaux en renommée aux Romains. Maxime sut attirer à lui les deux lieutenants Mérobandes et Balio, mécontents de l'Empereur qui leur avait retiré les sujets qu'ils commandaient pour composer sa garde d'Alains et de Scythes.

Comme la bataille qui avait duré toute la journée n'avait pas favorisé Gratien, Mérobandes qui devait, de la part de Maxime, distribuer nombre de deniers aux capitaines des vieilles bandes qui étaient mécontents de la préférence injuste de leur prince pour des étrangers, persuada à Gratien de tenter de nouveau la fortune des armes et quand ils furent aux champs, tous les capitaines des anciennes bandes ployèrent leurs enseignes et allèrent se rendre à l'armée de Maxime. Ce que voyant, Gratien fut consterné et ne vit plus d'autre ressource que de quitter Paris et de se sauver à Lyon avec une escorte de 300 cavaliers.

Gratien mourut peu après, assassiné par Andragathe. Maxime alors déclare Victor, son fils, César, et malgré les services que lui avaient rendus Mérobandes et Balio devant Paris, il les fait mettre à mort. Puis il tourne ses armes en Italie contre Valentinien, mais il est défait par Théodore-le-Grand, près d'Aquilée. Les Bretons qui le suivaient retournèrent à Conan. L'archidiacre Mongtindon, Anglais, dit : « *Britones vero quos Maximus secum adduxerat in Galliâ Armoricâ usque hodie remanserunt unde et Britones Armorici vocantur a quibus spoliata emarcuit Britannia.* »

Girard de Cambrie, historien du temps de Geoffroy Artur, dit : « *Tertia pars Britonum quæ Armoricum Australis Galliæ sinum obtinuit non post Britanniæ excidium* (il parle de la ruine des Bretons en l'Ile, causée par la venue des Anglais-Saxons) *sed longè antè a Maximo tyranno translata est et post multos et graves quos Britannica juventus cum ipso sustinuit bellicos sudores ultimis his Galliæ finibus imperiali magnificentia est remunerata.*

Conan érige les comtés de Cornouailles et de Léon, les premiers créés en Bretagne.

Il établit des offices de sénéchaux. Rennes fut le siège de la justice pour tout le pays, excepté Nantes, où il avait fixé sa résidence pour veiller à ce que ses voisins ne traversassent point la Loire. Il eut tant qu'il vécut un lieutenant à Bourges qu'il avait conquis ainsi que d'autres places du Poitou. Il établit des paroisses, car, dans certains endroits, le christianisme était déjà fort répandu.

Saint Clair avait déjà prêché l'Evangile à Nantes ainsi que saint Rogatien et saint Donatien, qui, avant leur venue en Armorique avaient souffert le martyre sous l'empereur Dioclétien. Conan établit six évêques à Rennes, à Nantes, à Alethe ou Guidalethe, maintenant Saint-Malo, Vannes et Cornouailles (Corisopitum) et en la ville d'Occismor (ou Léon) ancien pays des Osisimes. Les trois autres sièges de Dol, Saint-Brieuc et Lantriguer, lequel fut établi où étaient les anciens *Lerobii* sont postérieurs.

Conan fut très pieux, fonda et dota de nombreuses églises. Après avoir ainsi tout organisé, il bâtit dans le pays de Léon, dans la paroisse de Plœcelin, le château de Mériadec et le fort qu'aujourd'hui on appelle Brest-sur-Caprelle en l'évêché de Léon (Osisimi) d'après César et (Tincri) d'après Strabon. Il fit alliance avec les rois de l'Ile de Bretagne et fit venir de cette île onze mille vierges. La légende rapporte qu'elles se perdirent et furent rencontrées par Evagninus et Melga, rois des Huns, qui les firent mourir. Les chroniques disent que ces vierges étant perdues, Conan en fit demander d'autres en Angleterre et les unit par le mariage aux seigneurs du pays. Il est dit aussi dans les chroniques que Dionatus, roi d'Angleterre, envoya sa fille Ursule à Conan, pour être son épouse.

On rapporte aussi que ces vierges passèrent à Rome et décidèrent un pape nommé Cyriaque à abdiquer la papauté pour les accompagner.

.·.

On voulait faire descendre la nation de Bretagne de Brutus, Turnus, Corinæus et Helenus de Troie, mais d'après d'Argentré leur vraie origine serait celle que nous connaissons, parce qu'elle repose sur des données certaines, tandis que le reste n'est que basé sur des fables qui n'ont aucun titre d'authenticité.

Il est faux de dire que le nom de Bretagne fut donné à la terre de France qui porte aujourd'hui ce nom, seulement du temps de Conan. C'est du moins l'opinion d'Argentré.

L'historien Josèphe dit que de Japhet sortit Ozomar, surnommé Gallus, et de lui, un nommé Samothes duquel Gallus sont sortis les Gaulois et comme dit Berose les Bretons du nom duquel s'appelèrent comme dit le fragment dudit Bérose : *Samothei Galli et Britones.*

Parthenius, auteur grec, qui a écrit *Erotica* et vivait du temps de la guerre de Mithridate, dit qu'à l'époque où vivait Hercule, vers le même temps qu'Abimelech, comme dit la chronique de saint Jérôme, en l'an du monde 3800, passant ledit Hercule par les Gaules en armes pour aller faire la guerre à Gérion alors roi d'Espagne, il vint saluer le roi des Gaules en sa maison. Ce roi, nommé Britannus, avait une fille nommée Celtine qui, ayant remarqué la beauté et la stature d'Hercule, devint si amoureuse de lui qu'elle pria tous ses amis de lui permettre d'aimer ce beau prince, n'ayant jusque là voulu aimer qui que ce fût. Ce qu'elle fit et s'étant approchée de lui, il sortit de cette conjonction un fils qui s'appela Celtès.

Dudit Britannus, roi des Gaules, prit la Bretagne sa dénomination ; de Celtès, la Gaule Celtique.

Cette histoire écrite par Parthenius est rapportée dans Diodore de Sicile, encore qu'il ne nomme pas expressément Britannus, mais il rapporte l'histoire du père sans le nommer et de la fille Celtine et il parle du passage d'Hercule, ajoutant qu'en ce voyage, il bastit la ville d'Alexie aux Gaules, pays de Bourgogne dont parle César mais dont il ne reste plus rien aujourd'hui. Diodore donne à ce Celtès un frère qu'il nomme Galathès, d'où sont venus les Galathes, c'est-à-dire les Gaulois.

Au dire d'Argentré, ce ne serait pas les habitants de l'île qui auraient peuplé la Bretagne de terre ferme, mais bien les Bretons du continent qui auraient peuplé l'île.

D'après Appollinaris, ce serait en Bretagne qu'on aurait fait depuis le plus longtemps usage de la navigation :

> Cui pelle falum fulcare Britannum
> Ludus (dit-il).

Dion fait souvent mention de tels vaisseaux.

L'ancienne Cambrie est le pays de Galles.

L'historien Beda, né à l'île, vivait vers 731.

.·.

Strabon, à un endroit de ses écrits, parle de Polybe, historien grec qui, blâmant le cosmographe Pythéas d'avoir écrit une foule de choses pleines de fausseté et voulant le faire connaître, avait marqué un endroit dudit livre de Pythéas, où il disait que Scipion l'Africain, qui était du temps dudit Polybe, venant un jour en devis avec les habitants de la ville de Marseille, sur ce qu'il y avait de villes bien anciennes aux Gaules, il n'y eut pas un habitant qui put lui répondre, ni dire de nouvelles, ni de la ville Britannique, ni de Narbonne, ni de Corbilo qu'on savait tant de fois avoir été des plus grandes et fameuses villes de tous les quartiers de ce pays là et de Loyre, voire des Gaules : et écrit cela Polybe et de lui Strabo prend une grande absurdité d'avoir ledit Pythéas écrit que les habitants de Marseille fussent si mal appris de n'avoir pu répondre de la situation de ces villes tant remarquables.

Ce sont en effet trois témoignages en un même endroit de trois grands auteurs savoir : de Pythéas, Polybe et Strabo, lesquels sont bien d'accord qu'il y avait sur les avenues de Loire une grande ville appelée Britannique du temps de Scipion.

A tout cela, il faut ajouter le témoignagne de Pline le Vieux qui a décrit les peuples et nations qui habitent les côtes de la mer de la Gaule. Il vivait du temps de Domitien et vint jusqu'à Trajan.

Il écrivait : *Britannos in gallico littore.* »

Il est donc évident que la Bretagne était déjà implantée en Gaule avant César, puisque du temps de Scipion, elle existait déjà et que pour fonder une nation, construire une ville grande et prospère il faut un assez long temps. César dit qu'avant son voyage en Gaule, un roi nommé Divitiacus commandait non seulement sur la Gaule Belge, mais aussi sur l'île de Bretagne. La Bretagne du continent possédait donc déjà une origine assez éloignée.

On peut encore se servir pour appuyer l'existence des Bretons à cette époque du double témoignage d'Ausone et de Sidonius Apollinaris, lesquels font mention des Bretons. Il est vrai que Sidonius vivait après le passage de Conan, au temps de Majoranus, Avitus et Anthemius, empereurs ; mais Ausone vécut du temps de Gratien, par conséquent du temps de Maxime et de Conan et du passage de celui-ci. Apollinaris écrivit en l'an 472 et était évêque d'Auvergne, comme dit Cassiodorus. Mais Ausone fait mention d'un Breton, appelé Sylvius *Bonus* en surnom qu'il gausse et moque par un épigramme, lequel Sylvius était lors en Bretagne, enseignant la rhétorique et poète et orateur à la fois, qui fit les livres ci-dessous nommés : *Laudes Maximi Cæsaris, Invectivas in Ausonium, Poemata diversi generis, De bellis Armoricanis.*

Un breton, Vulturius, écrivit *de rebus Britonum*. Martial, du temps de Domitien écrit ceci : *Veteres Braccæ Britonis pauperis* (braccas, accoutrement) les Bretons se servaient encore de cet accoutrement au XVI° siècle et l'appelaient *Mante*.

Juvénal écrit ceci :

Quid nec terribiles Cimbri nec Britones unquam.

Tous ces écrivains parlant des Bretons en termes si précis, vivaient bien longtemps avant le passage de Conan ; il en ressort donc cette conséquence logique, c'est que l'origine des Bretons est antérieure à l'arrivée de Conan en Bretagne.

Albert Crants, historien, l'affirme. Girard a écrit :

In descriptione Cambriæ : Britones qui Armoricum continentis Galliæ sinu obtinuerunt, non post Britannum excidium (qui est le temps qu'Albert Crants marque en son histoire) *sed longe ante a Maximo tyranno translati sunt.*

En Basse-Bretagne, on a l'habitude de mettre au devant du nom de la ville le mot *Kaer* qui veut dire ville.

Les vieux Gaulois commençaient les noms des maisons

par *Coët*, qui signifie bois : Coetmur, Coëtbo, etc, en d'autres endroits, les vieux Gaulois terminaient en *dunum*, ailleurs en Magus = ex : Melodunum — Rotomagus ; du temps des Romains en Espagne, ils terminaient en *briga* ; et au pays de Thrace, en *brya*.

Gorope est un célèbre antiquaire allemand qui, d'après les terminaisons, cherchait à assigner une origine aux localités. C'est à tort qu'on a voulu donner à Albion l'origine : *ab albentibus rupibus* ; c'est vouloir, dit d'Argentré faire régner sur elle le roi Latinus et l'histoire nous dit en termes fort précis, qu'avant César, l'Angleterre était inconnue. La Bretagne est appelée aussi *Letania prima* pour la Haute-Bretagne et *Letania secunda* pour la Basse-Bretagne. Au livre intitulé *notitia imperii* il se trouve entre les charges des gens de guerre celle de *Præfectus Letorum Francorum*.

D'après d'Argentré, ce serait la langue bretonne qui aurait seule conservé le fond gaulois, car elle n'a pas comme les autres pays vu changer sa population par le passage des hordes envahissantes.

∴

Voir Aventin et Orcatel, Ammien Marcellin, sur les langues.

D'après Strabon, il y avait à Marseille une école dite étrangère où l'on apprenait *trois langues :* le latin, le gaulois et le grec.

Phavorin disait qu'étant Gaulois d'Arles il avait appris la langue grecque. César dit qu'ayant affaire avec Divitiac gouverneur d'Authun, il se servait d'un truchement appelé Valérius Roullus pour communiquer avec Divitiac des choses les plus secrètes qu'il eut : il s'en suit que Divitiac n'entendait pas la langue grecque, Gaulois qu'il était d'origine. Pline dit que les anciens caractères grecs et latins étaient tout un : témoin, certaines tables posées anciennement *in palatio* à Rome.

Rennes a été appelée par César et Ptolémée *Rhedones*.

Cette ville, d'après César, s'administrait par communauté

et ne reconnaissait aucun roi. Un parlement y a été érigé en 1551.

La reine, après la mort du duc François, eut à soutenir la guerre contre Charles VIII, accompagnée seulement de quelques gentilshommes et soldats dont était chef le chancelier Montaulban. Rennes eut pour premier évêque Melaine, natif de Basse-Bretagne, diocèse de Vannes ; il mania les affaires sous le roi Clovis dont il fut le conseiller, puis sous Clotaire qui l'amena à sa cour au retour du voyage qu'il fit en Bretagne contre le comte Conobert, après la prise de Chram, son fils. Melaine présida un des trois conciles d'Orléans qui eurent lieu en fort peu de temps. On parle également d'un nommé Modestus, évêque de Vannes.

Moderand, évêque de Rennes, descendait de la maison des *comtes de Torncuis*.

On note aussi dans la succession au siège épiscopal de Rennes *Pierre de Laval, sieur de Pacy*.

Goluen, évêque de Léon, puis de Rennes, avait établi son ermitage près du bourg appelé Saint-Didier, en un lieu qui s'apelle *la Motte*, où il s'habitua et mourut. Son corps fut rapporté en l'église Saint-Melaine, près de Rennes.

L'ordre des sénéchaux institué par Conan Mériadec fut conservé et réglé par Conan fils, Juhael frère de Martin de Rennes.

Aussi trouve-t-on assez souvent que ceux qui ont été revêtus du titre de sénéchal ont aussi été juges universels du pays jusqu'au temps de nos pères, c'est-à-dire vers 1500.

Consulter Mathieu Paris, historien Anglais.

Consulter Analis dans ses étymologies, Rhedones.

Les sénéchaux n'exerçaient cependant point leur juridiction sur le comté de Nantes.

De cette seigneurie et ancien comté, siège capital des princes, relèvent trois baronnies savoir : Vitré, belle et riche petite ville que je trouve avoir été environnée de murailles en 1448 par Anne de Laval, baronnesse de ce lieu : les deux autres sont : Foulgères et Chateaubriant et la seigneurie de la Guerche. Celles de Vitré et de Foulgères sont deux apanages du comté de Rennes lesquels furent baillés en fiefs savoir : Vitré par Juhael, comte de Rennes, à un sien enfant puîné, vers l'an 992, dont est descendue la maison de Vitré.

Aussi est la baronnie de Foulgères, autre apanage de ce même comté de Rennes anciennement baillé en fief à un nommé Meen, puis né du comte de Rennes, on ne scait bonnement de quel temps, mais il est très ancien et comme il est à croire, de mesme temps que ladite baronnie de Vitré. Ces deux puînés prirent les surnoms de leurs apanages et s'appelèrent de Vitré et de Foulgère et dura le nom de Vitré jusqu'à ce que l'héritière unique fut mariée à la maison de Laval, laquelle toutefois retenant ce nom de Laval n'a laissé souvente fois de changer de masles et familles jusques à ce jour. Celle de Foulgères a demeuré longuement en ce surnom jusqu'à ce qu'elle tombât en la maison de Beaumont par alliance puis en la baronnie d'Alençon, le seigneur duquel lieu ayant été pris en guerre la vendit pour somme de deniers en l'an 1427 aux estats du pays pour annexer au duché.

Aussi est la seigneurie et la ville de la Guerche confrontant l'Anjou autre apanage du duché non baronnie toutefois, laquelle seigneurie a été en plusieurs mains. En mesme évêché est la ville de Loheau, vieille seigneurie, laquelle tomba en la maison de Montfort et depuis de Laval par alliance et de notre temps (1588) aliénée en mains étrangères. On voit semblablement à deux lieues de Rennes Chasteaugiron, beau petit château et grosse bourgade de longtemps possédée par la famille de Chateaugiron qui a porté de vaillants hommes puis tombée en celle de Malestroit et de Derval.

Sous cet évêché il n'y a que deux abbayes qui sont Saint-Melaine aux faubourgs de Rennes, fondation du roi Salomon et Saint-Pierre de Reillé aux faubourgs de Foulgères. Il y a aussi deux abbayes de femmes l'une Saint-Georges de Rennes, de l'ordre de Fontevraux et Saint-Sulpice, de l'ordre de Saint-Benoist, fondée par le duc Conan et davantage deux cent trois paroisses.

Nantes est, sans contredit, une des plus anciennes et des plus illustres villes des Gaules. Les anciens la font descendre d'un bâtiment de Namnes, vieux fils de Galathes le jeune 29e roi des Gaules qui vivait l'an du monde 2715 du temps de Laomédon, roi de Troyes, et d'icelui sont appelés Namnitie et Nannetes. De l'autre côté de la Loire, à deux lieues et demie de Nantes, se trouve le comté (en 1588) duché de Raiz. Cette terre fut conquise par les Aquitains et les Poitevins. Le seigneur de ce lieu, l'un des anciens barons du pays appelé de Raiz, depuis Chabot, et derechef, de Raiz. Au même évêché est la ville d'Ancenis le terroir de laquelle fait la séparation de Bretagne et a nom la pierre d'Ingrande. Cette ville a été possédée par la maison d'Ancenis, puis de Rochefort, et puis de Rieux. Sur le même évêché plus avant en terre ferme est située la ville et le château de Chateaubriant, ancienne baronnie, autrefois issue de la maison et seigneurie appelée *le bœuf* et de Briandlebœuf, s'appelait *Chateaubriand* puis devenue en la maison de Dinan, puis d'Avangour, depuis par alliance tombée en la maison de Laval, maintenant en main étrangère. Cette ville fut ruinée par les Danois, par l'entremise du comte Lambert, du temps de Charles-le-Chauve. Pie II y établit une université, lui donna les mêmes privilèges qu'à celles de Bologne, Sienne et Paris. A trois lieues de Nantes est la ville de Chinon, tiltre de la maison de Clisson et entre iceux, messire Olivier de Clisson qui l'augmenta merveilleusement. On remarque dans cet évêché l'abbaye de Villeneufve, fondée par la duchesse Constance.

Vannes est située à deux lieues de la mer en terre ferme. Deux fois le jour la mer flue et reflue jusqu'au dedans de la ville au pied du château de l'Hermine. Ce pays au passé s'appelait Brocherec qui est à dire pays d'Erec qui fut un puîné, comte de cette terre, lequel terroir consiste du Vennetois et du vicomté de Porhoet. La grandeur de cette ville est bien déchue quoique les ducs l'aient quelque temps aimée et habitée et le duc François dernier y établit le siège du parlement. A deux lieues d'elle se trouvent les ports du Croisic, et du Morbihan et l'île de Rhuys où est le château de Suffinio.

De l'autre côté se trouve le bras de mer que l'on dit former trente petites îles : sur ce bras se trouve la ville d'Auray que l'on appelait autrefois les *Arubii*. C'est en cet endroit qu'eut lieu la bataille de Jean-le-Vaillant, comte de Montfort, contre Charles de Blois : c'est par cette bataille que la propriété du duché fut définitivement fixée. C'est en cette ville que vécut Saint-Pris qui obtint des ducs pour fondation de l'évêché le palais des princes que les évêques tenaient encore en 1588 et que l'on appelle le *Château de la Motte.*

Y fut évesque messire Pierre de Foix, oncle de la royne Anne et cardinal du titre de Saint-Cosme et Saint-Damien s en 1472.

Dans ce diocèse se trouvaient quatre abbayes parmi lesquelles sont : Saint-Gildas de l'ordre de St-Benoist, Sainte-Marie de Prières qu'on dit avoir été fondée par Jean, duc de Bretagne, l'an 1180 pour faire mémoire de ceux qui périssent par naufrage sur la côte de Bretagne. Là est enterrée Blanche de Navarre, se trouvent comme ports Blanvet, Guerrande, etc.

L'île de Groix était autrefois Groaye.

Kemper Corentin.

La ville s'appelle Kemper, le territoire se nomme Cornouaille. Du temps de César et de Pline *Curios olitie.* Ni Ptolémée ni Strabon n'en font mention. On a depuis appelé ce pays Cornubia. On a ajouté le mot Corentin parce que cette ville eut pour fondateur un du nom de Corentin.

Léon.

Fut habité des premiers rois comme de Conan, et quelque temps de Grallon.

Il y a trois abbayes : celle de Gerbes ou Gerbea, dite vulgairement de Relec, Saint-Mathieu de Finisterre et Sainte-Marie de Karler qui est de l'ordre de Citeaux ; non loin de Léon se trouve un promontoire sur lequel est bâti le bourg de Rodeau près duquel est l'île appelé du Bas. Léon a été autrefois vicomté possédée par ceux du nom de Léon dont est remarquable Guyomar de Léon, vaillant capitaine, lequel se fit chef de la noblesse du pays contre son prince le Duc Jean-le-Roux, pour ne vouloir souffrir être forcé de ses droits. Depuis, cette ville étant venue par mariage aux vicomtés de Rohan ils en vendirent partie à Jean, Duc de Bretagne (1264) et ainsi fut unie au Domaine du Duché. En fut evêque messire Yves de Tressuigvydi lequel avait été en sa vie un grand capitaine et homme de guerre suivant le parti de Jean de Montfort contre Charles de Blois : Une hérititière de la maison de Tressuigvydi se maria à Troilus de Mondragon dont sortit une fille mariée au sieur de Halo qui fit échange de la dite terre de Tressuigvydi et Châteauneuf du Fou avec le baron du Pont. Cette ville vit naître les deux jurisconsultes maîtres Hugues de Keroulay qui fut évêque de Tréguier en 1334 et le baron Eginard vers 1550.

Saint-Malo.

On avait l'habitude de lâcher le soir aux abords de la ville des meutes de chiens qui lui servaient de garde. C'est la patrie de Jacques Cartier, célèbre navigateur et géographe du moyen-âge. Dans ce diocèse se trouvaient les abbayes de Beaulieu, Saint-Nicolas près Montfort, Paimpont, Saint-Jean des Prés.

Dans cet évêché est la ville de Montfort qui est la seigneurie et titre des seigneurs de Montfort dont la maison s'est éteinte en celle de Laval, qui depuis vers 1750 se sont dits comtes et en obtinrent déclaration du roi Louis II. Il y a aussi la seigneurie de Saint-Nicolas.

Il y avait des seigneurs particuliers qui s'appelaient de Dinan qui possédèrent un vieux monastère et depuis il y eut les seigneurs d'Avangour qui la vendirent et échangèrent en partie avec le Duc Jean, ayant laissé des puinés qui ont porté ce nom jusqu'aux derniers Ducs.

Dans ce même évêché se trouve la petite ville de Ploarmel qui au temps passé était aimée des Ducs, ayant grande étendue de juridiction et entourée de plusieurs belles seigneuries et maisons nobles; y est aussi la ville et le château de Josselin, jadis seigneurie de messire Olivier de Clisson, depuis, appartenant au vicomte de Rohan, puis la belle petite ville de Malestroit, possédée il n'y a pas longtemps par seigneurs portant ce nom lesquels ont commandé aux armées et fait ouyr le nom de leurs prouesses jusqu'en Italie. Et entr'autres y est le château et bourg de Rohan, maison très ancienne sur la rivière d'Oude, et la maison des Sales : Les seigneurs de cette maison ont dans leurs armoiries des macles qui sont en lozanges percés à jour.

Treguer.

Les Bretons disent que cette ville fut située dans l'emplacement où se trouve aujourd'hui (1580) Coaquondet, c'est-à-dire vieille cité, sur la rivière de Loquezet, en montrent les ruines et qu'ils disent avoir été un siège épiscopal jusqu'en 836 que Hastan, roi des Danois dont ils chantent encore quelques vieux vers en Breton la prit et la ruina. L'évêque Gouaranus s'enfuit emportant avec lui les reliques du corps de Saint-Tugal à Chartres.

Vers le Nord-Est on voit l'île de Brehac possédée longtemps par les comtes de Pointhieure, depuis confisquée sur eux ; y sont aussi les rochers de Horamus, très dangereux pour les vaisseaux. Plus avant est la ville de Morlaix, séparée en deux parties par une rivière si bien qu'elle fait partie de deux diocèses. Dans ce diocèse se trouvent les abbayes de Sainte-Croix et Begar.

Saint-Brieuc.

La ville de Saint-Brieuc, dite des Vaux. Près de cette ville est le havre de Léguer sur lequel sied la tour de Sesson.

Dans cet évêché se trouvent les abbayes de Coetmaloen Saint-Aulbin-des-Bois, Bonport, Lantenac, aussi y est le païs et terroir de Lambale.

On y rencontre aussi la ville de Montcontour, seigneurie ancienne des Ducs du temps du comte Geoffroy, comme on trouve par lettre de fondation en l'abbaye de Saint-Aulbin depuis de la maison de Beaumanoir et encore depuis aliénée en la maison de Pointhieure acquise par Marguerite de Clisson et de là aux Ducs, comme nous dirons en son lieu et de présent retombée en la maison de Pointhieure.

Dans cette ville naquit maître François Duaren, fameux jurisconsulte (1540).

En ce même diocèse est la ville de Quentin, ancien partage d'Avangour et de ses puinés qui s'appelaient Botherel : et depuis possédée par les seigneurs du Perier : et de là tombée en la maison de Laval.

Au même diocèse est Jugon, petit chasteau ruiné par les guerres et assis sur une Motte : Chateaulandran, appartenant à la maison d'Avangour; Corlay, Guingamp, belle petite ville dite des anciens Mengamp où repose le corps de Charles de Blois et de plusieurs seigneurs de cette maison.

Dol.

On rapporte que cette église fut ruinée par les Danois et qu'elle fut relevée par un évêque venu d'Angleterre. Il la réédifia avec la permission du roi de Bretagne et de Childebert, roi de France, qui usurpait alors ce territoire et celui de Rennes.

En cet évêché est bâtie l'abbaye de St-Jacut.

En cet évêché présidèrent Saint-Samson, Saint-Magloire et même Simon le Maire, abbé de Marmoustier depuis évêque de Chartres.

Illustrations.

Néomène, capitaine, devenu roi.
Les Duguesclin.

Messire Olivier de Clisson.
Messire Guillaume de Chastel.
Trois du nom de Tanneguy du Chastel.
Messire Olivier de Mauny, sieur de Lesnen et de Marci en Normandie et de Miniac.
Messire Sylvestre Budes.
Messire Jean de Malestroit.
Messire Masclin Carlonnet.
Messire Loys de Coëtmen.
Messire Guy le Baveux.
Messire Geoffroy de Vaerimel.
Messire Yves de Treguizidy.
Messire Geoffroy Ruori.
Messire Olivier de Coitivy, admiral de France, comte de Taillebourg.
Torquato de Rennes sous le roi Salomon.
Messire Guillaume de Rostrenen.
Arthur de Bretagne, comte de Richemont.
La maison de Rochefort.
La maison de Pointhieure.
Messire Jean de Rieux.
Messire Gilles, baron de Raiz.
Messire Jean de Coitivy.
Messire Loys de Laval, seigneur de Chastillon en Vandelays, puisné de Laval et gouverneur du Dauphiné.
Messire André de Laval, sieur de Loheac.
Messire Pierre de Rohan, sieur de Montaulban.

Admiraux.

Messire Pregent de Coitivy, auparavant mareschal, seigneur de Ray et de Coitivy, capitaine de cent lances, qui épousa l'héritière de Raiz. Ce Pregent amiral eut un fils nommé Charles, comte de Taillebourg et baron de Craon, qui épousa Jeanne de Valois, tante paternelle du grand roi François, et fille de Marguerite de Rohan.

Messire André de Laval, sieur de Lohéac, puisné de Laval, chevalier de la première élection des chevaliers de l'ordre de Saint-Michel.

Messire Jean de Rohan, sieur de Montaulban.

Gouverneurs de provinces en France.

Messire Taneguy du Chastel, prevost de Paris, gouverneur de l'île de France, de Brie et de Champagne, que le roi Charles VI appelait son père, vaillant et sage chevalier et sans reproche, n'eût été ce qui advint à Montereau-fault-Yonne en la personne du duc de Bourgogne.

Messire Jean Gouyon, puisné de la maison de Matignon, qui fut grand escuyer de France.

Messire Regnauld du Fresnay, lieutenant du roi Charles VII en Ast.

Messire Pierre d'Acigné, puisné de cette maison, il acquit le vicomté de Reillaux. On lui fit don des baronnies de Gounauld et Maraynes en Provence. C'est à Saint-Antoine de Vienne que repose le corps de Pierre d'Acigné et de sa femme Hélène d'Aujuien.

Autre messire Taneguy du Chastel qui fut nepveu du précédent du temps du duc François dernier, qui fit les obsèques du roi son maître à ses dépens y advançant 50,000 francs du sien. Il fut grand maître d'hôtel de Bretagne et donna au duc le conseil qui causa la journée du Bien Public; et depuis fut pratiqué par le roi Louis XI le faisant chevalier de son ordre et lui donnant le gouvernement de Roussillon et de Cerdaigne, lequel Taneguy mourut au siège de Bouchain, frappé d'un coup de couleuvrine et par commandement du roy il fut enterré au cœur de l'église de Notre-Dame de Clery où le roi avait choisi sa sépulture.

Autre messire Guillaume du Chastel qui mourut en Angleterre du temps de Charles XI et fut en un combat de 7 Français qui combattirent en champ clos contre 7 Anglais devant le sénéchal de Saintonge, estant le seigneur de Barbezan chef des Français et le sieur d'Escales des Anglais qui furent contraints de se rendre en 1402 ; où combattit ledit du Chastel contre deux ennemis comme dit Juvenal des Ursins en sa chronique.

Messire Guillaume du Chastel de cette même maison fut pannetier et escuyer du roi Charles V. Il fut tué au passage de Pontoise, en défendant la rivière contre le duc d'York, voulant lever le siège de Pontoise ; lequel pour recommandation de ses grands services fut enterré à Saint-Denys comme l'on montre au grand hôtel sous l'horloge.

Messire Pierre de Rostrenen, chevalier conseiller et chambellan du roi Charles VII et lieutenant du connétable de France : lequel de Rostrenen mourut à Paris, le 12 août 1440, duquel la sépulture se voit aux Jacobins.

Quant aux lieutenants du roi, notre âge a vu :

Messire Guy, comte de Laval, baron de Vitré.

Messire Jean de Laval, baron de Chateaubriant.

Messire Jean de Bretagne, duc d'Estampes, comte de Pointhieure et descendu du sang de Bretagne.

Messire Sébastien de Luxembourg, vicomte de Martigues, seigneur du pays, descendu de la maison de Luxembourg, de Savoye et de Bretagne par sa mère.

Messire Olivier de Mauny fut chevalier du temps de Bertrand Duguesclin et son parent, il prit le roi de Navarre et fut seigneur de Lesnon près Béchérel et de Miniac qu'il fit bâtir en Château et épousa une fille de roi en Picardie.

Messire Olivier de Coitivy, comte de Taillebourg, sénéchal de Guienne, capitaine de cent lances, frère de Pregent, admiral de France en 1451.

Messire Geoffroy de Karimel : le livre de Froissard l'appelle Karesmel, par faute d'escriture, qui menait l'avant-garde de Guesclin à la bataille de Cocherel et le suivit en Espagne, en Guienne et ailleurs.

Messire Eustache de la Houssaye.

Messire Thebault du Pont.

Messire Jacques du Fou, chevalier, sénéchal du Poitou et lieutenant du roi Louis XI en l'armée qu'il envoya en Roussillon, grand amateur des gens des arts et des lettres ; duquel sont sortis les sieurs du Vigean en Poitou.

Messire Jean du Fou, grand échanson du roi Louis XI en 1480.

Messire Yves du Fou de la même maison fut gouverneur de Charles, comte d'Angoulême, prince du sang royal et père de François Ier.

Messire Tudual Carmoisien dit le bourgeois : très grand ingénieur, excellent capitaine, bailli de Troyes et gouverneur de Dieppe sous Charles VII, qui fut tué à Cherbourg.

Messire Guillaume de Rosnevinen du temps de Charles VII, Louis XI et Duc François.

Messire Pierre Esveillard ou Abélard en l'an 1144, du temps de Conan-le-Gros.

Jean Roselin ou Ramelin précepteur d'Abélard, 1130.

Il n'y a point de province où le titre de comte soit aussi ancien qu'en Bretagne. Les premiers qui portèrent ce titre en Bretagne furent les comtes de Cornouailles. Messire Pierre-le-Bauld qui vivait en l'an 1480 et mourut en l'an 1505 et fit la chronique de Bretagne, trouva en l'Église de Cornouailles un catalogue des comtes dudit lieu qu'il allègue souvent, le rapportant par extrait et jusqu'au temps d'Allain Coignard et Hoël son fils qui fut duc de Bretagne, le titre desquels prit en la personne dudit Hoël, fils dudit Allain Coignard, grand comte de Cornouailles, parce que ledit Hoël parvint au duché au titre de sa femme et, par ce, fut ledit comté réuni au duché.

Le comte de Léon est de même temps.

Saint-Renan, seigneurie.

Evortiger, comte de Jemesse.

A propos de *Budic*, fils d'Auldran, la chronique lui donne un frère qu'elle appelle Trec : auquel elle dit avoir été données en partage les terres de Gaël, Baignon et Montfort. Les seigneuries de Gaël et Montfort étaient possédées par la maison de Laval, en 1585, et la terre de Baignon est tenue en don par l'évêque de Saint-Malo, de la part des seigneurs de Montfort.

Budic épousa Adenisa de laquelle il eut Hoël qui fut surnommé le Grand. On l'enterra en l'Église de Saint-Cire, aux faubourgs de Nantes, qu'il avait fait bâtir de son vivant.

Les chroniques de Bourges disent que sous Auldren (qu'elles appellent à tort Aramon), etc...

Sous Alain Ier, VIIIe roi, Grégoire de Tours place un nommé Conor ou Conan, comte de Vannes, Conobert, comte de Rennes et de Nantes, Conoré, comte de Léon. Conobert est appelé Conalus d'Aymoix.

LETTRE PATENTE D'ALAIN-LE-LONG.

Alanus Dei gratiâ Letaniarum seu Armoricorum Britannorum rex dilectis et fidelibus consiliariis nostris Morisano de Fago et Bassiano de Fontenayo utriusque juris professoribus Rivalloni de Rostrenen militique cambellario nostro ex suo jure salutem et dilectionem sicut in subjectorum nobis populorum serenitate et prosperitate votivo gloriamur uberius sic in ipsorum afflictione et in adversitate, noxiâ et oppressione compatimur et condolemus afflictis vias exquirentes patimur et modos juxta datam nobis a Deo prudentiam quibus et eorum succuratur indigentiis et impendiis salubriter abnuetur. Et cum in singulis horis et partibus nostræ Britanniæ commissum nobis regimen exequi personaliter nequeamus, exemplo docemur et virgente necessitate compellimur determinatis diocesibus et locis certas deputare personas quæ quod ad ipsas in regalis virtute potentiæ defectum nostrum suppleat absentiæ corporalis nostrasque in executione justitiæ vices gerant sed sicut clamor validus et insinuatio querulosa dilectorum et fidelium nostrum novem prælatorum communitatum.

Gerenton, Cathon, Urbien, Withol, Doroch.

Riwal amena les Bretons en Armorique (458). On lui donne

pour frères Urbien et Donot qui peut bien être le père de sainte Ursule.

Deroch, Caburius, Riatham, Jona qualifié dans quelques actes des saints : *Homo regalis*. Judwal vivait du temps de Childebert et d'Ultrogon.

Juthael qualifié *comes regalis* épousa Ritelle, fille d'Ausoch.

Haclon, établi vers Saint-Malo.

Deroch, établi vers Treguer.

Doetwal et Archael.

Judicael roi des Bretons contemporain de Dagobert, épousa Morone.

Judoc ou Josse refusa la couronne.

Vinnoc ou Sadgannoc, moine à Saint-Bertin. Toch, Tumael, Marchlae, Doetheval, Gozel, Largael, Riwas, Riwald, Judworet, Helon, homme cruel et sanguinaire, Judon, Guennoc, Gueinan, Guenmael qui fut lépreux, Eurielle, Onenna, sœur d'Eurielle, Bredegoen, sœur d'Eurielle, Cleoprast, sœur d'Eurielle, Judhael, fils posthume. (Toutes ces filiations sont tirées d'Ingomar et des actes de Vinoc).

Urbien, comte de Bretagne.

Vinoc et Arnoc, neveux de Saint-Josse.

Urbon, Constantin, Argant, fille de Constantin, Judwal, Lowenan.

Roiandre, fille de Lowenan, épousa Combrit dont elle eut Even, après la mort duquel elle adopta *Salomon*, roi de Bretagne, quoiqu'elle eut des filles que Salomon adopta pour sœurs.

Even, Jarnithin régnait en Bretagne en 814.

Morvan, roi des Bretons, en 818.

Wiomarch, roi des Bretons, de 822 à 825.

Pirinis, fils de Wiermarch, fit une donation à Redon.

Portiton et Varaili fils de Jarnithin. Mactiernes à Ruffiac, Ricadene, Molac, etc., sous Louis-le-Débonnaire.

Jarnithin épousa Aourken, tyraneisse de Plecadene. *Comes*.

Erispode descendait des anciens rois et ducs de Bretagne, selon les actes de saint Salomon son petit fils. *Rivallon*, comme ce nom est très commun, il est difficile de dire si c'est le même qui est appelé comte de Poher.

Nomênoé gouverna d'abord la Bretagne sous l'autorité de Louis-le-Débonnaire et puis s'en rendit maître et se fit roi. Il épousa Argantael et mourut en 841.

Salomon, roi de Bretagne, épousa Wenbrit et fut tué en 874.

Erispoé, roi de Bretagne, fut tué par Salomon.

Rivallon Guegan ou Vigan.

Prollon épousa Pasquiten, comte de Brouerec, lequel mourut en 876.

Conan.

Une fille d'*Erispoé* fut mariée à un comte de Rennes qui paraît avoir été frère de Guervant.

Alain Ier ou le grand frère de Pasquiten, comte de Brouerec partagea la Bretagne avec Judicael, petit-fils d'Erispoé et mourut en 977, épousa Droguen.

Judicael, comte de Rennes, petit-fils d'Erispoé, disputa la couronne à Alain et mourut en guerre contre les Normands, l'an 870.

Gurmhaillon gouvernait la monarchie de Bretagne après la mort d'Alain.

Ev., femme de Manthuedoi, comte de Poher.

Derian, seigneur d'Elven.

Pasquiten, Guerech, Berdic, Rudalt, comte de Vannes.

Hervé.

Alain II ou Barbe-Torte eut deux enfants de Judith qui lui survécut et se remaria au vicomte de Touars. Il épousa : 1° Roscille, fille de Foulques-le-Roux, comte d'Anjou; 2° la sœur de Thibault, comte de Blois, laquelle se remaria à Foulques, comte d'Anjou.

Hoël, fils de Judith, comte de Nantes, tué par Galuron.

Guérech, fils de Judith, comte de Nantes, empoisonné. Épousa Aremburge qui bâtit le château d'Ancenis.

Drogon, fils du second lit, mort jeune.

Judicael, bastard, comte de Nantes.

Hoël, bastard.

Budic I, bastard, comte de Nantes.

Judith, femme d'Alain Coignard, comte de Cornouaille.

Juhel-Bérenger, comte de Rennes, fils ou petit-fils de Judicael, épousa Gerberge.

Conan I, surnommé le Tort, comte de Rennes, épousa Ermengarde, fille ou sœur de Foulques, fils de Geoffroy Grisegonelle. Il fut tué en 992 à la Bataille de Conqueren.

Geoffroi I, duc de Bretagne, 992-1008, épousa Hudius, sœur de Richard II.

Juthael, premier comte de Porhoet.

Judicael, évêque de Vannes.

Judith, épousa Richard II, duc de Normandie.

Catvallon, abbé de Redon.

Alain, tué à la bataille de Conqueren, bastard.

Urvod, Judicael Glanderius, bastard.

Deux autres fils tués en voulant surprendre Angers.

Alain III, surnommé Ruibriz, duc de Bretagne, épousa Berthe, fille d'Odon, comte de Chartres, qui se remaria à Hubert, comte du Mans.

Eudon, aussi duc de Bretagne, épousa Auguez.

Even Linzoel.

Odelle, première abbesse de St-Georges-de-Rennes.

Conan II, duc de Bretagne, empoisonné en 1066, n'eut qu'un bastard appelé *Alain*.

Havoise, épousa Hoël qui mourut en 1084.

Geffroi, bâtard, comte de Rennes, épousa Berthe. *Rivallon*.

Geffroi, tué à Dol en 1093.

Orient, comte en Angleterre.

Alain-le-Roux, succéda à Orient.

Estienne, comte de Poithièvre, mort vers l'an 1138.

Robert. Derien.

Deux bâtards établis en Angleterre.

Une bâtarde qui épousa Guisande de Pleveno.

Mathias I, comte de Nantes.

Matathias.

Hoël, comte de Cornouaille et de Nantes, puis duc de Bretagne, épousa Havoise, fille d'Alain III.

Benedict, abbé de Quimperlé et évêque de Nantes.

Quiriac, évêque de Nantes. *Budic*.

Hodierne, abbesse de Loc-Maria.

Une fille, femme en secondes noces du seigneur du Petit-Montreveau.

Ouren ou *Aguaz*, femme d'Eudon.

Alain IV, surnommé Fergent, duc de Bretagne, épousa 1° Constance, fille du roi Guillaume ; 2° Ermengarde, fille du comte d'Anjou.

Mathias II, comte de Nantes, épousa Ermengarde.

Adelle, abbesse de St-Georges-de Rennes.

Eudon. Havoise.

Conan III, duc de Bretagne, surnommé le Gros, épousa Mathilde, fille de Henri, roi d'Angleterre, mourut en 1148.

Geffroy, mort en Palestine, en 1116.

Havoix, épousa Baudouin, comte de Flandre, surnommé la Hache.

Berthe épousa : 1° Alain, fils d'Estienne I ; 2° Eudon, vicomte de Porhoet.

Constance épousa Geffroy de Mayenne.

Hoël, désavoué de Conan III, fut comte de Nantes.

Conan IV, surnommé le Petit, duc de Bretagne, fils d'Alain, épousa Marguerite d'Écosse, fille d'Henri, roi d'Écosse et d'Adeline de Varennes. *Constance.*

Enoguen, abbé de St-Sulpice.

Alix, fille d'Eudon, violée par Henri II.

Henri. O. première prieure des Coëts.

Conan, fut en Syrie, 1096.

Geffroi Boterel, comte de Lamballe, mort en 1148. *Rivallon.*

Alain, comte de Richemont, épousa Berthe, héritière de Bretagne, mort en 1146.

Henri, comte de Treguer.

Olive épousa Henri de Fougères.

Agnoric épousa Olivier de Dinan.

Alain, comte de Penthièvre. Estienne II.

Conan, seigneur de la Rochederien.

L'héritière de cette branche épousa Bertrand, seigneur de Matignon, à ce que l'on prétend.

Estienne III, mort sans enfants, 1164.

Geffroy, comte de Lamballe, donna ce comté à *Alain*, fils de *Henri*.

Edic épousa Geffroi Tournemin.

Henri d'Avangour, né en 1205, avait fiancé *Alix*, héritière de Bretagne, fut dépouillé par Pierre de Dreux.

Alain. Juhael.

Geoffroi, sire de Quentin.

Constance, duchesse de Bretagne, épousa : 1° *Geoffroi*, fils de Henri II, roi d'Angleterre; 2° *Ranulfe*, comte de Chestre; 3° *Gui* de Thouars.

Artur I, duc de Bretagne, tué par Jean-sans-Terre.

Aliénor, fille de Geoffroi II, morte sans alliance.

Alix, duchesse de Bretagne, épousa Pierre de Dreux I.

Catherine, fille de *Gui*, épousa André de Vitré.

Jean I dit le Roux, duc de Bretagne, né en 1217, mort en 1282, épousa Blanche de Champagne.

Artur, mort jeune.

Yoland, épousa Henri, comte de la Marche.

Jean II, duc de Bretagne, né en 1239, épousa Béatrix d'Angleterre et mourut en 1305.

Pierre, mort en 1268.

Thibault, mort en 1246.

Thibault, mort en 1247.

Nicolas, mort en 1249.

Robert, mort en 1254.

Alix épousa Jean de Chastillon, comte de Blois, en 1254.

Aliénor, morte en bas âge.

Artur II, duc de Bretagne, épousa : 1° Alix de Limoges, en 1275 : 2° Yolande de Dreux, comtesse de Montfort, reine d'Écosse, 1294. Il mourut en 1312.

Jean, mort en 1333, comte de Richemont.

Pierre.

Blanche épousa Philippe d'Artois.

Marie épousa Gui de Chastillon.

Aliénor, abbesse de Fontevrault.

Henri-Jeanne d'Avangour, épousa *Gui* de Bretagne.

Jean III, duc de Bretagne, épousa : 1° Isabeau de Valois : 2° Isabeau de Castille, 3° Jeanne de Savoie, 1330 et mourut en 1341.

Gui épousa Jeanne d'Avangour, fut comte de Penthièvre et mourut en 1330.

Pierre, mort jeune d'un coup de pied de cheval.

Jeanne, surnommée la Boiteuse, épousa *Charles* de Chastillon dit de Blois, qui fut tué à la bataille d'Aurai, 1364.

Marguerite de Blois ou de Bretagne épousa Charles d'Espagne, comte d'Angoulême, connétable de France.

Gui de Bretagne, mort otage en Angleterre.

Jean de Bretagne, comte de Penthièvre, épousa Marguerite de Clisson, fille du connétable : il mourut en 1403.

Henri de Bretagne, despote de Romanie.

Marie de Bretagne, épousa Louis, duc d'Anjou, roi de Sicile.

Olivier de Bretagne, comte de Penthièvre, épousa en 1405 : 1° Isabeau de Bourgogne ; 2° Jeanne de Lalaing, qui mourut en 1433.

Jean de Bretagne, seigneur de L'Aigle, comte de Penthièvre, épousa Marguerite de Chavigny, mourut en 1452.

Charles de Bretagne, seigneur d'Avangour, épousa Isabeau de Vivonne, dame des Estarts, Renac, etc.

Guillaume de Bretagne, prisonnier en 1420, délivré en 1448, épousa Isabeau de la Tour, laquelle se remaria à Armand Amenian d'Albret, seigneur d'Orival.

Marguerite de Bretagne, épousa le comte de la Marche, mourut en 1426, sans enfant.

Nouaille de Bretagne, fille unique, comtesse de Penthièvre, épousa Jean de Brosse, seigneur de Sainte-Sévère et de Boussat, fils aîné de Jean, maréchal de France.

Françoise de Bretagne épousa Alain d'Albret et mourut en 1433.

Nouaille de Bretagne, duchesse de Brabant et comtesse de Nevers.

Une autre fille.

Jean de Montfort épousa *Jeanne* de Flandre.

Jeanne, épousa Robert de Flandre, comte de Marle, 1323.

Beatrix, dame de Laval, femme de *Gui*.

Alix, épousa Bouchard de Vendôme 1329.

Blanche mourut jeune.

Marie, religieuse à Poissy.

Jean IV dit le Vaillant ou le Conquérant, Duc de Bretagne, épousa : 1° Marie d'Angleterre ; 2° Jeanne de Hollande, fille de la princesse de Galles et de Thomas de Hollande, son premier mari ; 3° Jeanne de Navarre, qui se remaria au roi d'Angleterre. Jean IV, mourut en 1379 et elle en 1437.

Jeanne de Bretagne, épousa Raoul Basset de Draithon.

Jean V, Duc de Bretagne, auparavant nommé Pierre, épousa Jeanne, fille du roi Charles VI ; il mourut en 1442.

Artur de Bretagne, comte de Richemont, conestable de France, depuis Duc de Bretagne III° du nom, épousa : 1° La veuve du Duc de Guienne ; 2° Jeanne d'Albret ; 3° Catherine de Luxembourg. Il mourut en 1458.

Gilles de Bretagne.

Richard de Bretagne, comte d'Estampes, épousa Marguerite d'Orléans, fille de Louis, frère de Charles VI. Il mourut en 1438.

Marie de Bretagne, duchesse d'Alençon.

Blanche de Bretagne, épousa le comte d'Armagnac.

Jeanne de Bretagne.

Deux autres filles.

Marguerite de Bretagne, épousa Alain de Rohan.

François Ier, Duc de Bretagne, né en 1414, épousa : 1° Yolande, sœur de Louis, roi de Sicile ; 2° Ysabeau, fille de Hamon, roi d'Écosse, mourut en 1449.

Pierre de Bretagne, Duc de Bretagne II° du nom, épousa Françoise d'Amboise, mort en 1457.

Gilles de Bretagne épousa Françoise de Dinan.

Anne de Bretagne promise en mariage à Charles de Bourbon en 1412.

Isabeau de Bretagne épousa Gui de Laval, mari de sa cadette. Elle mourut à Aurai en 1442.

Marguerite de Bretagne épousa Gui de Laval, mais elle mourut à neuf ou dix ans.

Tangui, bâtard.

Jacqueline, bâtarde d'Artur III, épousa Artur Drecart, seigneur de Bréhat.

François II, né en 1435, fut Duc de Bretagne après Artur III, épousa : 1° Marguerite de Bretagne, fille aînée de François Ier ; 2° Marguerite de Foix.

N..., mort jeune et enterré au Bodon.

Isabeau, morte en bas-âge.

Marie de Bretagne, épousa Pierre de Rieux, mareschal de France.

Catherine de Bretagne, épousa Guillaume de Challon, fils du prince d'Orange.

Madelaine de Bretagne, religieuse à Poissi.

Marguerite de Bretagne.

Marie de Bretagne, abbesse de Fontevrault.

Roaan de Bretagne, du premier lit, mourut avant sa mère.

Marguerite de Bretagne, épousa François II en 1455.

Marie de Bretagne épousa Jean III, vicomte de Rohan 1455.

Jeanne, bâtarde de Pierre II.

Edouard et *Guillaume*, bastards de *Gilles*.

Gui, comte de Laval.

Jean de Laval, seigneur de la Roche-Bernard.

Pierre de Laval, archevêque de Reims.

Yoland, de Laval, épousa : 1° le comte de Porhoet; 2° Guillaume de Harcourt, comte de Tancarville.

Jeanne de Laval, reine de Sicile, femme de René.

Artuze, ne fut point mariée.

Louise, dame de l'Aigle.

Hélène, dame de Derval.

Françoise, morte jeune.

Anne, morte jeune.

Anne, Duchesse de Bretagne, épousa : 1° Charles VIII ; 2° Louis XII, mourut en 1513.

Isabelle de Bretagne, morte sans alliance.

François, bâtard, fils d'Antoinette de Magnelais, comte de Vertus, épousa Madelaine de Brosse.

Antoine, bâtard, seigneur de Hédé.

Dolus, bâtard.

Jean de Challon, prince d'Orange, épousa Philiberte de Luxembourg.

Bernarde de Brosse, épousa Guillaume Paléologue, marquis de Montferrat en 1458.

Paule de Brosse épousa Jean de Bourgogne, Duc de Brabant, 1475.

Jean, comte de Penthièvre, épousa Louise de Laval, fille de Gui XIV et d'Isabeau de Bretagne.

Antoine, tonsuré en 1462. Chevalier en 1481.

Claude, épousa Philippe de Savoie, comte de Genève, 1405, puis Duc.

Hélène épousa Boniface V, marquis de Montferrat, 1483.

Charlotte.

Isabeau de Brosse, épousa Jean de Rieux, seigneur d'Acerac.

Marguerite.

Madelaine, épousa : 1° Janus de Savoie, comte de Genève, 1490 ; 2° François, bâtard de François II, 1475.

René de Brosse ou de Bretagne, épousa : 1° Jeanne de Comines, fille unique de Philippe en 1504 ; 2° Françoise de Maillé, veuve de François de Bastarnai, seigneur du Bouchage, 1515. 3° Jeanne de Grufy, de la maison de Lucuigué en Savoie, 1521.

Catherine épousa Jean, baron de Pont-l'Abbé, 1500.

Jean de Brosse ou de Bretagne, duc d'Estampes, gouverneur de Bretagne en 1566, épousa Anne de Pisseleu.

François mort jeune.

Charlotte épousa François, comte de Martigues, fils de François de Luxembourg et de Louise de Savoie, 1526.

Jeanne épousa Robert de Laval, seigneur de Loué.

1° *Françoise*, du second ou troisième lit, épousa Claude Gouffier de Boisi, comte de Caravas, 1545.

Les ducs de Roanz et les comtes de Caravas.

Madeleine de Luxembourg, épousa Georges de la Trémoille, baron de Roian.

Charles de Luxembourg épousa : 1° Claude Gouffier, 1545 ; 2° Claude de Foix, veuve de Gui de Laval, 1547.

Sébastien de Luxembourg, vicomte de Martigues, duc de Penthièvre, gouverneur de Bretagne, épousa Marie de Beaucaire, veuve de François Authier, seigneur de Villemontez ; fut tué à Saint-Jean d'Angely, 1569.

Henri de Luxembourg, mort avant son père.

Marie de Luxembourg, née à Lamballe, le 15 février 1562, épousa Philibert-Emmanuel de Lorraine, duc de Mercœur, gouverneur de Bretagne, 12 juillet 1575.

Jean d'Albret, vicomte de Limoges, comte de Périgueux, épousa Caterine de Foix, reine de Navarre.

Gabriel.

Pierre. Amenian. Louise. Isabeau. Charlotte. Anne.

Henri d'Albret, roi de Navarre, épousa Marguerite de Valois, sœur de François Ier.

Jeanne d'Albret épousa Antoine de Bourbon. De là Henri IV, roi de France.

Claude de France épousa le roi François II. François, Dauphin et duc de Bretagne.

Henri II, roi de France.

Louise.

Marguerite épousa Emmanuel Philibert, duc de Savoie, 1559, mort en 1574.

François II. — *Charles IX.* — *Henri III.*

Élisabeth épousa Philippe II, roi d'Espagne.

Isabelle.

Caterine épousa Charles de Savoie.

Marguerite.

Claude épousa Charles II, duc de Lorraine. *Henri*, duc de Lorraine, épousa Marguerite-Gonzague.

Nicolle, duchesse de Lorraine.

Claude, autre fille de Henri.

François de Lorraine, comte de Vaudemont.

Charles III, duc de Lorraine, épousa Nicolle sa cousine.

François, cardinal, épousa Claude, sa cousine, sœur de Nicolle.

De Marguerite, marié à Philibert, naquit :

Charles-Emmanuel, duc de Savoie.

Victor-Amédée, duc de Savoie, épousa Christine de France.

De Renée de France.

Anne d'Est épousa : 1° François de Lorraine, duc de Guise; 2° Jacques de Savoie, duc de Nemours.

Henri de Lorraine, duc de Guise.

Henri de Savoie, duc de Nemours.

Charles de Lorraine, duc de Guise, épousa Henriette de Joyeuse.

Charles-Emmanuel II, duc de Savoie.

(*A suivre*).

www.ingramcontent.com/pod-product-compliance
Lightning Source LLC
Chambersburg PA
CBHW060519050426

42451CB00009B/1071